Cäsar Flaischlen

Mandolinchen
Leierkastenmann
und Kuckuck

Wolken und Winde

Wolken und Winde
wehn durch die Nacht . .
Über Wolken und Winden
aber wacht
ein Sternlein in der Höh
und lacht!

Und Wolken und Winde
müssen verwehn
das kleine Sternlein doch
bleibt stehn
und wacht . . und lacht!
Hab es acht! Hab es acht!

Cäsar Flaischlen

Mandolinchen
Leierkastenmann
und Kuckuck

Ein Liederbuch
von Sehnsucht und Erfüllung

von

Cäsar Flaischlen

Erste Neuauflage

Eggers
Leipzig
2003

Impressum:

Copyright © 2003
Alle Rechte vorbehalten
Selbstverlag Boris Eggers
Leipzig
1. Neuauflage
Februar 2003
Cover- & Layoutgestaltung: Boris Eggers

Herstellung & Vertrieb:
Books on Demand GmbH, Norderstedt

ISBN 3-8330-0136-4

Vorwort

Die vorliegende Ausgabe ist eine Neuauflage des letzten Werkes von Cäsar Flaischlen und bildet damit den Abschluss der Wiederauflage von Flaischlens Schaffen. Als das Original erschien, war Cäsar Flaischlen bereits verstorben, so dass er nicht wie bei „Von Alltag und Sonne" Korrekturen vornehmen konnte. Den Satz haben wir wie im Originaldruck von 1921 belassen. Trotzdem kann man in den Texten bemerken, wie viel Reife und Erfahrung in den Gedichten sprechen. Seine Metrik hat er beibehalten, dadurch kommt es teilweise zu seltsamen Wortgebilden. Stärker als in den jüngeren Gedichten ist der Weg hin zur Naturlyrik und zum Alltagsvers. Ausführlichere Betrachtungen zu seinem Leben und Werk finden sich in der Biografie. Daher soll dieses Buch wie ein heiterer Sommertag genommen und gelesen werden: milde, unvereingekommen und voll innerer Ruhe.

Boris Eggers
Herausgeber

Lieder

Mandolinchens
und des
Leierkastenmannes

Vorspruch:

Wir gehen wie in alter Zeit
heckenentlang, von Blüten beschneit,
und plaudern von Glück und von Liebe!

Jost Seyfried.

Einklang

Sing mir ein Liedchen, Mandolinchen!
doch nicht von heut!
sing mir ein Liedchen aus schönerer Zeit . .
ein Lied von Frühlingstagen
und von dem frohen Glauben, der
das Herz da schwellt
und stark und fest
trägt und hält
und siegen lässt . .
der wie eine große Freude
heimlich hinter allem wacht,
ach und über das Gestreite
und Geneide
um und an nur lachen macht!

Sing mir ein Lied von Frühlingstagen:
von blauem Himmel und Sonnenschein,
von rauschendem Walde auf grüner Höh,
von Tal und Halde in Blütenschnee,
von Straßen weit offen . . hallo und juchhe:
und von Mädchen am Wege
       mit flatternden Bändern,
mit Rosen am Gürtel und Rosen am Hut,
von Burschen , wie man einst selber gewesen,
mit leuchtendem Auge und sorglosem Mut . . .
und ich frage den Kuckuck, ob's jemand gefällt:
und hol meine Liebste
und hol meine Laute
und wir spielen ein Lied uns
und ziehn in die Welt!

9

Es ist etwas . .

Es ist etwas, doch ich finde nicht was . .
und ich weiß nicht warum
es macht mich traurig und macht mich froh
und ich weiß nicht, wieso . .
und suche her und suche hin
und gehe alle Wege,
die ich gegangen bin!

Es ist wie etwas Wunderschönes,
lieb und still . .
es ist wie eine ferne Sehnsucht,
die zu mir will
es ist wie heimliches Schwalbenzwitschern,
wie rote Rosen um mich her,
die ihre Knospen öffnen wollen,
es ist, wie wenn es Frühling wird,
und schwirrt und wirrt
in alles, was ich denk und treibe
und wo ich geh und wo ich bleibe,
wie Sonnenschein durchs Grün des Waldes
mit goldenen Kringeln spielt und flirrt!

Es ist wie weicher Sommerabend . .
flußuferlang . .beflaggte Boote . .
als wär ein Fest . .
ein Städtchen zwischen grünen Hügeln . .
Terrassenhänge . . Gartengänge . .
ein alter Burgbau auf der Höhe . .
und Jauchzen und Singen
und Geigenklingen . .

und Lachen und Tanz und Tücherwehn . . .
ich glaube fast, es ist ein kleines
Mädchen, zu dem mir die Gedanken gehn . . .

Ein junges Ding, das mir einmal
im Rathaus-Saal
ein Zufall in den Weg gedrängt,
als ein paar übermütige Mädel
mit Blumenkränzen mich behängt.

Mit neugiergroßen Augen stand es,
anstatt zu tanzen, stand und stand . . .
und tags darauf dann sah ichs wieder
am Waldesrand
mit roten Rosen in der Hand.
Mit leichten frohen Schritten ging es
die Höhe hin . . bei mir vorbei . .
und sang das Lied, das ich gesungen,
ein Lied von Jugend und von Mai . .

＊

Ich weiß kaum mehr,
wie lang es her
und habe nie daran gedacht . .
und plötzlich nun
novemberweit
von Sommer und von Rosenzeit
in fremder Stadt und mitten
in hundert anderer Dinge Lauf
klingt jener Abend vor mir auf . .

Und jenes Lied und jenes Ding
und wies mir an den Augen hing
und wies an mir vorüberging
die Höhe hin
der Sonne nach, die überm Walde
in goldener Feuerpracht zerrann . .
und wie es leis und immer leiser
mit dem Liedchen, das es sang,
in die Dämmerung verklang.

*

Der Regen draußen rauscht und rinnt
und durch die Straßen bauscht der Wind,
unwirtlich, wie bei jedem Schluß,
und wie mans nun mal haben muss,
wenns nicht mehr Mai . . .
und wenn es mit Jugend und Sommer vorbei!

*

Aber einerlei! es sei, wie es sei!
ich mach es eben wie der Mai
und halt es aus und wart es ab . .
und wird es März und wirds April,
juchhei!
dann nehm ich meinen Wanderstab
und wandere das Land hinab,
juchhei!

Und find ich wo ein junges Ding,
wie dazumal im Rathaus-Saal,
und tu es mit und schlägt es ein,
dann soll es so viel Rosen haben,
als die ganze Erde trägt
und soll aller Königin sein,
aus und ein,
und die Lieder, die ich singe,
sing ich nur noch ihr allein!

Armes Herz du, immer wieder
jubelst du die Sehnsuchtslieder
deiner Liebe laut empor . .
armes Herz, und immer wieder
steht du vor verschlossenem Tor!

Aber . . lass es dich nicht grämen,
lass dir, was du glaubst, nicht nehmen,
und erfüllt es sich dir nie . .
einsam, wie du stets gewesen,
wandere deine Wege weiter,
ohne jemand anzuklagen,
ohne Grollen
was auch fällt . .
lern, von niemand was zu wollen,
lern, in dir allein zu tragen,
was dich hält,
und die Sehnsucht deiner Liebe
sing sie wunschlos in die Welt!

November

Irgendwo im Garten draußen
durch den Regen aus und ein
zwitschert leis ein Vögelein . .

irgendwo . . ich kanns nicht sehen . .
es ist alles gar so schwer . .
und es regnet immer mehr nur!

Und ich sitz und hör und horche
auf das Zwitschern hin und her
und mir ist mit einem Mal, wie
wenns ein
Gruß von meinem Liebsten wär!

Und ich sitz und hör und horch und
kuck und lach in mich hinein . .
meinetwegen, ja! mags regnen!

meinetwegen, ja! mags schnein,
wie es will, und Winter sein! . .

still versteckt im Garten draußen
zwitschert leis ein Vögelein!

Zwischen den Jahren

Wind heult ums Haus . .
   es ist auf einmal Winter geworden
und Regen und Schnee verwehn das Jahr!
und was da war,
wertlos wie zerrissene Briefe,
wie welke Blätter, rot und braun,
wirbelts über den großen Zaun!
der Wind verträgts,
der Schnee vergräbts!

Als es vor uns lag, wie lang es schien!
und wie schnell es wieder vorüberging!
Wir freuten uns eben noch auf den Mai
und wie ein Flug Wolken flog es vorbei . .
wie von der Bahn aus vor den Fenstern
Städte, Dörfer, Wies und Wald,
ein paar Minuten Aufenthalt
und da und dort auch ein paar Tage
schön und heiter . .
ein frohes Fest
und Gruß und Schluß
und wieder auf und weg und weiter
zu Pflicht und Muss!

Und zwischenhinein dann ein paar Lieder,
ein helles Lachen, lieb und jung . .
doch nun . .nur noch Erinnerung,
der Wind verträgts
der Schnee vergräbts!

16

Wir aber . . komm! die Glocken klingen!
ich zünde unsern Baum uns an!
Was fallen will, mag ruhig fallen,
was sich verliert, verloren gehn,
was Blatt ist, muss und mag verwehn . .
wir schaffen es in alter Treue
aus eigenem Frühling uns aufs neue!
Und das, worauf es ankommt, sieh,
baut . . nach wie vor sich . . fest . . und fester
in die Höhe . . Stein um Stein!

Das Jahr hat keine Macht darüber,
ob es heller oder trüber,
ob es Sturm ist oder Ruh . .
das Jahr bin ich, das Jahr bist du!
und was wir wollen, wills und gilts,
und was wir schaffen, das erfüllts!

Glockenspiel

Viertelschlag: Die Zeit ist ernst!
                  habt ihrer acht!

Halbschlag: Die Zeit ist ernst!
                  habt ihrer acht!
                  so groß und stolz auch,
                  was vollbracht!

Dreiviertelschlag: Die Zeit ist ernst!
                     habt ihrer acht,
                     so groß und stolz auch,
                     was vollbracht,
                     und hütet euch
                     vor Übermut!

Vollschlag: Die Zeit ist ernst!
                  habt ihrer acht,
                  so groß und Stolz auch,
                  was vollbracht,
                  und hütet euch
                  vor Übermut!
                  treibts nicht zu weit!
                  es wär nicht gut!

Stundenspiel:

Treibts nicht zu weit
mit all dem Streit
und reißt nicht ein stets, eh ihr wißt
und habt und gabt:
was von Gewähr und wirklich mehr
und auf die Dauer besser wär!

Das Alte ist nicht immer schlecht,
das ihr zerbrecht!
das Neue nur zu selten echt,
das ihr versprecht!

Die Welt wird ruhig weiter stehn,
und alles trotzdem weitergehn . .
vielleicht schon eure Kinder aber
denken anders drob und fragen:
war es not? und war es gut?
Drum hütet euch
vor Übermut!

So groß und stolz auch,
was vollbracht,
die Zeit ist ernst,
habt ihrer acht!

Neujahr

Urahne Zeit, die alte, liebe . .
mit den gütig weißen Haaren
um das Jugendheitere Antlitz . .
schmückt aufs neue ihren Kindern
einen Baum mit bunten Lichtern
und auf jedem Platze wieder
liegt ein neues kleines Buch . .

Wir doch wollen frohen Dankes
die verschlossenen Bänder lösen
und beim Feierklang der Glocken
lasst aufs erste Blatt uns schreiben:

Wir wollen, die wir waren, bleiben!
und wollen halten
und in Treuen
weiterreifen und -gestalten,
auch im neuen,
was im alten
Jahr uns auf die Höhe trug!

20

Februarsturm

Auf dem Ausbau eines kleinen Hauses auf halber
Hügelhöhe. Im Tal und die Hänge hinauf
erleuchtete Fenster. Nachtdämmerung, Tau-
wind, jagende Wolken, dazwischen der Mond.

Hörst du den Sturm? und wie er wettert?!
und dröhnt und kracht?
und wies dann wieder wie aus weiten
Wolkenfernen
leis verstohlen zwischen sein Toben
kichert und lacht?
horch doch, horch: vom Wald jetzt oben
über den Hügeln!
horch doch, horch! . .
                  Auf seinen Flügeln
trägt er den Frühling durch die Nacht!

Er weiß es nicht . . er lärmt und wettert
mit Drohn und Dräun . .
wir aber wollen stehn und lauschen
und uns freun!

Regen und Regen . .

Regen und Regen . .
tagaus und -ein
grau und trübe
und nirgends ein Schimmer,
der die Schleier zertrüge . . .
freudlos alles, einsam, allein . .
und doch so voll Sehnsucht nach Lachen
und Liebe,
jung und vergnügt und fröhlich zu sein!

Die Geigen spielen,
es klingt so müde,
die Menschen lachen,
es klingt so leer,
so erzwungen und schwer . .
und die Lichter umher
sie brennen so trübe, so ohne Schein . .
es ist, als fehle
Allem die Seele!
als wär Alles lebloser Stein . . .
und doch so voll Sehnsucht nach Lachen
und Liebe,
jung und vergnügt und fröhlich zu sein.

Nicht traurig sein!

Ach nein, ach nein, nicht traurig sein!
mit traurig sein ist nichts getan!
auf helle Augen kommt es an
und auf Vertrauen zu dir selbst:
dass dus zwingst und dass dus hälst!

Das Leben ist nun mal, wies ist!
heute hott und morgen hist!
Aber ein trübes Gesicht
und Grämen und Grollen
erringt es nicht!
nur fröhliches Wollen
und Zuversicht!

Nur fröhliches Wollen
und mit Lachen:
was zum Ziel trägt,
zur Tat zu machen!

Ich hab dich lieb
und helf dir mit!

2

Ich hab dich lieb
und helf dir mit!
Und sieh: in ein paar Wochen
ists Frühling auch wieder und Mai,
und was dir Mut und Glauben nahm
und was das Herz dir grau und gram
verwintert, ist vorbei!

O komm und wie in alter Zeit
ach, lass auf Hügelhöhn
zwei frohe Kinder Hand in Hand uns
ihm entgegengehn . .

auf dass Erfüllung werde,
wonach wir uns so lang zersehnt,
und was wir träumten, dort und hier,
du von mir und ich von dir!

ich hab dich lieb
und helf dir mit!
und es ist schnell vorbei!
und schon in ein paar Wochen
ists Frühling auch wieder und Mai!

Amselliedchen

So schwer was wär, so weh was tut,
es geht vorbei!
es wird wieder gut! nur Mut, nur Mut!

Ein Vöglein im Tanngeheg
sangs mir heut früh auf meinen Weg.

So schwer was wär,
nur Mut, nur Mut!
es wird wieder gut!
es geht vorbei!
und wenn es noch so Winter wär,
es wird doch wieder Mai!

Es wird doch wieder Mai und grün
und die Sonne kommt und die Rosen blühn!
es wird so schön, wie es immer war,
in jedem Mai und jedes Jahr!

Lieb Vögelein im Tannenried,
ich dank dir für dein kleines Lied!
ich sings dir nach
und schreib es auf
und bring es meiner Liebsten heim,
sie soll nicht länger traurig sein!

Frühling

1

Hallo, es wird Frühling!
hallo, es ist März!
hörst du den Sturm nicht,
altes Herz?!
und siehst du nicht:
wie Tag um Tag nun immer heller
die Sonne durch die Wolken bricht
und wie es ringsum tropft und rinnt
und wie es zu keimen und knospen beginnt
in Tal und Höh, all-allerwärts . .
siehs doch und glaub es, altes Herz!

Siehs doch und glaub es
und rüst ihm entgegen
und schüttle ab, was dich bedrückt
und verstimmt . .
es ist so einfach alles, wenn man
selber nur es einfach nimmt!
und Sorgen und Schwarzsehn trägt nicht weit,
Zuversicht schafft es und Fröhlichkeit!

Also raffe dich auf, hallo! und tu mit
und halte Schritt
und mache dich jung wieder, altes Herz!
es wird ja doch Frühling!
es ist ja schon März!

2

Und wiederum sag ich: Hallo, es ist Zeit!
und wenn es auch wettert mitunter
und schneit,
als wenn der Frühling noch monateweit,
es ist Zeit!
sei bereit!
noch ehe dus acht,
steht in siegender Pracht
am tiefblauem Himmel die Sonne und lacht:

Ihr habt gejammert wochein und -aus,
wenn nur der Winter erst wieder vorbei
und all die Karneval-Narretei!
man käm nicht aus Frack und aus Festen heraus
und möchte Mensch sein endlich wieder
und hinaus! . .
Und nun, und nun?! wo bleibt ihr nun
wenn euch so viel darum zu tun?

Ich bin schon immer auf dem Weg,
ich weiß schon lange wie es steht,
und wer einmal über die Felder geht,
auch wenns ihm kalt um die Nase weht,
der weiß Bescheid
und macht sich bereit
und lacht und freut sich: es ist so weit!

Vor-Osterzeit

Wolkensturm und Schneegetriebe
über Tal und über Höh
und mit einmal golden liebe
Sonne und auf allen Wegen
kling und klang und kleine Lieder
Und ein Stündchen drauf dann wieder
Stiller weißer Weihnachtsschnee.

Flockentanz und Sonnenglanz . . .
Scherz und Schmerz . . .
hinter allem aber wie ein
leis Frohlocken,
osterwärts,
wie ein Läuten ferner Glocken:
Schneis wies schnei und seis wies sei,
das Schwerste, Liebste, ist vorbei . . .
und ists April erst, wirds auch Mai!

Glückauf in die Welt!

Oster- und Wandervogellied

Über die Berge
mit fliegenden Fahnen,
flammende Sonne
im blauen Gezelt,
jubelt der Frühling
wie Glockengeläute
sieghaft sein helles
Glückauf in die Welt!

Und wir horchen und wir greifen
Rock und Ränzel von der Wand,
Stock und Sturmhut, Band und Schleifen,
und mit Lauten gehts und Pfeifen,
hollahe, ins grüne Land.

Jugend des Jahres
und Jugend des Lebens
freude-geflügelt
und frohmut-geschwellt . .
wo wir hinkommen,
da stehen die Leute,
freun sich und grüßen:
Glückauf in die Welt!

Und so liegt vor uns das Leben
Festtag-schön und kraft-gestimmt,
und wir jauchzen ihm entgegen,

und zu Sonne wird und Segen,
was es gibt und was es nimmt.

Und wenn wir selber
einst sesshaft geworden,
die Liebste geholt und
ein Haus uns bestellt,
stehen auch wir dann
und grüßen die Jugend,
die so vorbeizieht:
Glückauf in die Welt!

Maigruß

Der Himmel blau
und die Welt wieder grün,
die Gärten voll Flieder
und bald auch blühn
die Rosen wieder

Hallo und Glückauf
und frohe Fahrt
ins junge Sommerjahr!
Den Weg immer klar,
das Herz immer weit
und guten Muts
und liedbereit,
und allezeit
ein freundlich-
fröhliches Wandergeleit!

Maiabend

Lautenklang und lachende Stimmen
tief in Garteneinsamkeit . .
sie singen ein Lied
Von Jugend und Liebe
Von Flieder und Rosen
und Sommerzeit.

Ein altes Lied
aus Kindertagen,
das auch wir einst
gesungen zu zweit
Hand in Hand auf stillen Wegen
Frühling - entgegen
von Blüten beschneit.

und mir ist:
als schritt ich wieder
jene Wege durch den Grund
und als kläng es
dorfherüber
hell wie Osterglocken und . .
und als stündest du am Tore,
weiß von Blüten überschneit,
lachend, jauchzend ins verlorne
Glückland seliger Jugendzeit!

Meine Sehnsucht war am größten
und am allerehsten
wach . .
aber ach . .
alle andern haben alles,
was ich jugendlang geträumt
und zu stetem Kampf gezwungen
immer wieder vertagt und versäumt! . .

Alle Gärten stehn in Blüte
und in Halmen jedes Feld,
ich nur wandte ohne Frieden
durch den Frieden rings der Welt . .
heute hier und morgen weiter,
Straß um Straße, ohne Ruh,
aber nie der eigenen Heimat,
nie dem eigenen Herde zu!

Alles freut sich, wenn ich komme!
jeder sagt mir: sing und lach!
und ich sing und lach . . und . . ach,
die ich singe, all die Lieder,
klingen immer nur und wieder
jene alte Sehnsucht wach!

Beim Wein

Ich sitze beim Wein,
fröhlich zu sein . .
und Geigen klingen
und lachen und singen . .
doch . . es ist nichts . . . allein!
es macht bloß das Herz schwer,
sieht man die andern
alle zu Zwein . .
und wär er vom besten,
er schmeckt nicht rein!

An den Wänden sind Bilder
von Mosel und Rhein:
Berge, Burgen,
Sonnenschein . . .
und gewesene Tage
fallen mir ein . .
da ich da wanderte, auch allein,
doch das Herz voll Lust
und jauchzende Lieder in der Brust.

Da die Straße am Ufer,
die zog ich entlang,
und da oben da stand ich
und pflückte mir Rosen
und sang und sang,
und kaum eine Stunde dann
über der Pfalz
und meine Liebste
hing mir am Hals!

Nein . . nein!
und wär er vom besten,
er schmeckt nicht rein!
es ist nichts,
beim Wein . . allein . . zu sein!

Nacht . . Mitternacht . .

Nacht . . Mitternacht . . du liegst und schläfst . .
schon lang . . und ich . . und ich . . ich steh . .
ich steh . . ein . .Stern . . in stiller Höh,
hoch über Wind und Wolken . . .
und halte Wache überm Tal mit Licht und Strahl,
bis aus dem Nebelgrau der Nacht
der Tag erwacht! . . .

und wenn du dann am Fenster stehst
und wenn du durch den Garten gehst
und nach dem Wetter draußen siehst
und dich freust, wie alles flimmert und flirrt,
wenn dann und wann wie ein fröhliches Lachen
ein goldener Schimmer das Tal überschwirrt . .
und wie es am Ende doch Frühling wird
trotz Wind und Winter und Regen . . .

ich bin das Aufleuchten zwischen den Wolken,
ich bin das Rauschen von den Höhn,
ich bin auf allen deinen Wegen,
was dir entgegen grüßt und winkt
ich bin das heimliche Läuten der Glocken,
das vom Dorf herüberklingt
das zage Grün an Hecken und Hängen,
das Warten und Werden in Garten und Gärten,
ich bin die rinnende Quelle im Grund,
und ich bin die Amsel, und
ich bin das Lied, das sie singt,
und ich bin der Sturmwind, der
den Frühling bringt! den Frühling bringt!

Du bist alles . .

Du bist alles, was ich habe,
was ich träume, laut und leis,
Wunsch und Fülle,
Sturm und Stille,
was ich bin und was ich bete,
was ich will und was ich weiß!

Über uns in wieder grünen
Wipfeln rauscht das Lied des Mai's . .
lass, o lass mich knien, und leise
lass mich dir die Hände küssen
und dir danken, ach, mit allem,
was ich bin und was ich habe . .

lass mich knien und nimm mein Leben!
nimm es wie das Lied des Mai`s!
nimm es wie ein blühend Reis!
        dir zu Preis!
du bist alles, was ich bete,
was ich will und was ich weiß!

Liebeslied

Dich sehen,
ist: die Heimat haben!
dich sehen,
ist: zu Hause sein!
alle Sehnsucht ist begraben,
alle Wünsche schlummern ein!

Und ich weiß nichts mehr von draußen,
weiß nichts mehr von Müh und Plag,
und wie einsam es gewesen
und wie freudlos jeder Tag!

Alles ach ist selig schöner
Friede nur und Sonnenschein!
dich sehen,
ist: die Heimat haben!
dich sehen,
ist: zu Hause sein!

Leis und lieb wie einer fernen
frohen Sonne goldener Schein
über ährenschwerem Feld
lacht und leuchtet deiner fernen
frohen Liebe holde Wonne
still in meine stille Welt.

Und die Tage gehn und kommen
sommerrosenschön und streuen
Blüten dort und Früchte hier,
und ich jauchze jedem neuen
Morgen zu wie einem treuen
köstlichen Geschenk von dir!

Erst waren es Wochen . . .

Erst waren es Wochen,
dann wurden es Tage,
nun sind es nur Stunden
noch, und du bist da!

Wir du wohl aussiehst?
und ob du noch immer
das frohe leichtfüßige
Frühlingskind bist?
ob du noch immer
die strahlenden Augen,
die ich so oft,
o so selig geküßt?

Ob du noch immer
die schmeichelnden Hände,
die mich liebkost,
und das goldbraune Haar,
das ich so schnell dir
immer zersauste,
und ob dein Lachen
so hell noch und klar?

Ob du noch immer
so neugierig zuhörst,
wenn ich erzähle,
mit leuchtendem Blick?
ob du noch immer
das übermutfröhliche,
jauchzende, selige
Maisonnenglück?

Erst waren es Wochen,
dann wurden es Tage,
nun sind es nur Stunden
noch, und du bist da!

Übermut

Hellblauer Himmel und Sonnenschein . .
so will ichs haben, so muss es sein,
wenn ich nach Zeiten voll Warten und Weh
meine Liebste wiederseh!

Hellblauer Himmel und Sonnenschein . .
so will ichs haben, so muss es sein!
Tal und Höhe in horchendem Traum,
junggrüne Knospen an Busch und Baum,
Amselruf von irgendwo . .
ganz leise nur alles und doch so froh,
oh so jubelfroh,
wie ich selber, wenn ich nach Warten und Weh
meine Liebste wiederseh!

Und später einmal ists nicht mehr bloß Traum,
nicht mehr bloß Knospengeflirr und -flaum!
jauchzende Lieder durchklingen den Tag
in Blüte und Blust stehn Höhe und Hag,
in goldenen Garben Wiese und Feld,
die ganze Welt
ein seliger Garten
voll Rosen und Sommer und Sonnenschein . .
und so will ichs haben und so muss es sein!

Du, die Schwalben sind da!

Du, die Schwalben sind da!
nun ist es Frühling!
steh doch und sieh und freue dich:
Frühling!

Und liegt still auch noch der Garten,
schweigsam das Feld,
Tag um Tag doch immer grüner,
immer klingender wird die Welt . .

Und am Himmel zwischen den Wolken
grau und stau
leuchtet immer heller ein kleines
Stückchen Blau . .
selig, sieghaft, wie ein Wunder!
steh doch, sieh doch! und mitunter
überflute eine
feine
goldene Welle Fern und Nah
und seit gestern sind auch deine . .
meine . .
unsere kleinen,
lieben alten
treuen Schwalben wieder da!

Schwalben? wahrhaftig!
die Schwalben sind da!
nun wird es wirklich Frühling, ach ja!
schön wieder und warm!
nun glaub ich es auch!
die Schwalben, die wissen ja besser als wir,
so weit sie weg,
wann es Zeit ist für hier!

Schwalben am Himmel
Knospen am Strauch . .
ja, ja, es wird!
ich glaub es nun auch!

Mädchenlied

Ich hab dich lieb . . ich weiß nichts weiter . .
und ich sing und sag und trag
laut und leis es immer wieder
und mit immer neuen Liedern
jubeljauchzend durch den Tag . .

Und die Menschen stehn und können
nicht begreifen, was ich habe,
und sie quälen mich mit Fragen,
mit Bedenken und mit Zagen,
und ich weiß doch nichts zu sagen
weiter, als: ich hab dich lieb!

Und sie schütteln mit dem Kopf und
wissen dies und wissen jenes,
Sorg und Unruh mir zu machen,
wenn nun das und das gescheh,
und ich kann und mag bloß lachen:
meinetwegen! gehs wies geh!

Gehs, wies geh, und komms, wies komme!
fall es heiter, fall es trüb!
Eines bleibt und leuchtet wie die
Sonne über heut und morgen,
über Freud und über Sorgen
hell und schön: ich hab dich lieb!

Und ich sing und sag und trag
laut und leis es immer wieder
und mit immer neuen Liedern
jubeljauchzend durch den Tag!

Früh-Sommertage

Briefblatt

Guten Morgen, Herzliebste!
wie hast du geschlagen?
was hast du geträumt?
und hast du schon hinausgesehen,
wie schön die Sonne wieder scheint?
und zum Nachmittag komm ich
und bringe dir Rosen,
eben im Garten draußen geholt . .
drei Hände voll! . .aber nicht geschenkt,
wie man vielleicht denkt!
umsonst ist nichts! eine jede muss
Ihro Gnaden bezahlen mit einem Kuss!

Und wenn wir genug dann getollt und gelacht,
und wenn meine Liebste sich schön gemacht,
dann gehn wir ein bißchen . .
durch die Straßen . .
und sehen uns die Läden an . .
und schenken einander, was uns gefällt,
wie Leute von Welt
und ohne einen Pfennig Geld!

Oder wir trollen uns Ufer-entlang
über den Bismarckstein zum Birkenhang
und legen droben uns ins Gras
und erzählen uns was
und kucken in den Sonnenschein
und freun uns, auf der Welt zu sein!

Kinderleid

Was hast du, komm und sag es mir!
was hast du, das dich traurig macht?
Du hast am Morgen noch gelacht!
was ist denn los?
was hast du bloß?

Ist es ein Mücklein an der Wand?
ist es ein Tücklein im Verstand?
es kann nichts Schlimmes sein!

Komm sag es, frag es, klag es mir!
ich helfe mit, ich trag es dir!
und wenn es auch was Schlimmes wär,
es mückt und tückt nicht halb so sehr,
weiß mans zu zwein
anstatt allein!

Sommerliedchen

Durch die Straßen, durch die Gärten,
die wir gingen einst zu Zwein
all die liebgewordnen Wege,
still nun geh ich sie allein . . .

Doch wie damals ist ein Leuchten
rundum und ein Blühn und Glühn
und ein sommerselig Klingen
und ein Summen und ein Singen
und ein Sprühn und Knospenspringen,
und es lockt und nickt und neckt,
wie als stünde in den Hecken
meine Liebste wo versteckt . . .
wie als wärs vielleicht nur Tage,
wie als könnt es heut schon sein,
und wir gingen all die Wege
wiederum wie einst zu Zwein!

Du sollst nicht . .

Du sollst nicht rechten drum und streiten . .
was du von Glück träumst, ach ich möchts
unter Sommer-Hochgesängen
Kränzen gleich von dornenlosen
Rosen
um den Weg dir hängen . .

Alles, was ich in so langen
Jahren schwerer Einsamkeit
mit erkämpft und hochgehalten
aus versunkener Jugendzeit . .

Du sollst nicht rechten drum und streiten . .
ich will es jauchzend um dich breiten
wie ein weites Wunderland
von blauem Himmel überspannt:
Wiesen, Wälder, goldene Felder,
Gartengänge, Rebenhänge

flußhinab und bergentlang . .
Fahnen hoch auf allen Türmen,
Liedergruß und Glockenklang:
Willst du, komm und nimm es hin,
sei Herrin drin und Königin!

Tote Zeiten

Komm, geh heim! und lass den Tag
vorüber sein!
es wird nichts mehr!
und wirf ihn klaglos zu den vielen,
die ebenso verfehlt und leer!
Und nimms dir nicht zu Herzen weiter . .
sie, es gibt in jedem Leben
solche Tage, solche Zeiten,
ach, und wenns das reichste wär!

Tage, Zeiten . .
dumpf und fremd . .
da sich alles staut und stemmt . .
da man wie von grauen Wänden
eingeschlossen steht und zagt,
und in Hirn und Herz und Händen
Wurf und Griff und Kraft versagt,
das wie Blei dir in den Gliedern
liegt und dich erdrückt und zwingt
und von allen deinen Liedern
keins dich in die Höhe klingt . .

Tage, Zeiten . .
bis es langsam
hell und heller wird und wieder
aufflammt dann in goldener Lohe,
und der alte siegesfrohe
Glaube dir das Herz befreit
und zu neuem Aufstieg wieder
Flügel dir und Flug verleiht!

Zweierlei Meinung

Statt ein Unglück draus zu machen,
weißt du, lass uns lieber lachen!
Sieh, man kann im Leben alles
so und so und so verstehn!
man kann talwärts durch die Wiesen
und kann über die Berge gehn!
eines ist so weit, wies andre!
du hast recht und ich hab recht,
dort ist Sonne, da ist Schatten . .
wie mans möcht!

Beides aber und zugleich
lässt sich nun einmal nicht zwingen,
und solls an ein Ziel uns bringen,
müssen wir uns schon entscheiden,
denn mit Stehen und mit Streiten
kommt man überhaupt zu nichts!

Also dorthin oder dahin:
dort ists naß und da ists steinig,
keines hat etwas voraus,
und drum zählen wirs am besten
kurzweg an den Knöpfen aus!

Gruß zur Nacht

Ich wollte dir ein Liedchen singen
als Gruß zur Nacht,
und auf silberhellen Schwingen
sollt es durch den Garten klingen
leise wie ein Schmetterling,
wie im Wind ein Flöckchen Flaum,
wie ein stiller
Vogeltriller
wenn es Abend wird, vom Baum.

Wind und Wolken aber wehten
plötzlich auf und überher,
schwarz und schwer,
und verflogen und zerstoben
war mit eins vom ganzen Hang
Schmetterling wie Vogelklang!

Wie in verklungenen
       Hochsommerzeiten . .
sag mir, o sag mir:
rauschen die Wälder
immer so stolz noch
auf sonniger Höh . .
sag mir, o sag mir:
so lichtüberflutet
wiegt sich noch immer
in lautlosem Frieden
tiefgrün von Ufer
zu Ufer der See?

Sag mir, o sag mir:
und still über allem
an dämmerndem Himmel
in goldheller Pracht
wandert noch immer
einsamen Pfades
der Mond durch die
zitternde Sehnsucht
der Nacht?

Sag und das Lied von
blühenden Rosen,
von Jugend und Liebe,
wie es einst klang,
klingt es noch immer
so laut und so jauchzend,
so selig und siegend
die Gärten entlang?

Wanderlied

Gestern im Bergwald,
heut durch Täler,
morgen am See oder
sonst irgendwo . .
Sommer und Sonne,
hellblauer Himmel,
tages im Grünen
und nächstens im Stroh!

Sag nicht, die Städter
hätten es schöner!
Glaub mir, sie möchten
herzgern es wie wir!
Sitzen in steinernen
Häusern und schreiben
und werden am Ende
selbst Stein und Papier!

Affige Fräulein,
geckige Herren,
Tanz und Theater,
Genuß an Genuß . .
ach und bei all ihrem
vielen Vergnügen
nie ein Genügen
und ewig Verdruß!

Jeder doch lebe,
liebe und lobe,
was er zum Sinn
seines Daseins sich stellt:
den freut sein Stammtisch,
diesen sein Bankbuch,
uns ein frisch-fröhlicher
Marsch durch die Welt!

Gestern bergauf und
heute bergab und
morgen drum rum
oder wie es sich fügt . . .
und regnet es, schlupfen
wir irgendwo unter
und pfeifen uns was und
sind trotzdem vergnügt!

Morgen um diese Zeit
bin ich schon meilenweit
und wieder allein!
und wie ein Traum dann ist,
dass wir uns je geküßt
und wie ich selig war
bei dir zu sein!

Morgen um diese Zeit
bin ich weiß Gott wie weit!

Grüß mir die Heimat,
grüß meine Jugend,
erfüll mir du,
was sie versäumt,
und bleibe die Sehnsucht,
für die sie gelitten
und werde die Krone,
von der sie geträumt!

Gute Nacht . .

Gute Nacht, meinsein Herzliebstelein,
wir wollen für heut uns verleidet sein!
So sonntagschön, so sommerklar,
so rosenrot der Tag auch war,
die Glocken läuten schon den Abend ein . .
gute Nacht, meinsein Herzliebstelein!

Gute Nacht, meinsein Herzliebstelein . .
der Mond guckt über den Hexenstein,
und in der Stadt und Bahn-entlang
da gehn bereits die Lichter an,
und die Wiesen drüben nebeln sich ein . .
gute Nacht, meinsein Herzliebstelein!

Gute Nacht, meinsein Herzliebstelein . .
ich bringe dich noch bis zum Waldhorn hinein
und geh dann über die Kuckuckshöh,
wo ich dein Licht im Fenster seh,
und singe mir, bis ich selber daheim:
Gute Nacht, meinsein Herzliebstelein!

Lied zur Occarina

Und wenn Sie fragen,
ob du wen gern habst insgeheim,
Herzallerliebste,
sag lieber: nein!

Weißt du, sie fragens
doch bloß aus Neugier-Langerweil,
nicht, um uns zu helfen,
im Gegenteil!

Weiß auch nur eins drum,
gleich weiß es auch die ganze Stadt,
Dachstock und Keller,
und dann: gut Nacht!

An uns zwei beiden
bleibt dann kein guter Faden mehr,
und wo man hinkommt,
gibts ein Verhör!

Wie dumme Kinder
setzt man uns auf die Sünderbank,
kanzelt uns runter
und macht uns krank! . . .

Geht alles gut, so
ist es im nächsten Jahr so weit
und kein Geschwätz tut
uns mehr ein Leid!

Ich steig dann selber
aufs höchste Kirchenturmgezelt,
läut alle Glocken und
sings in die Welt!

Zwischen Festen

So wär es nun die ganze Zeit
wenn du nicht wärst
und sie verklärtst,
so fremd und friedlos, stau und stumm,
so ohne Ruh,
ich zöge in der Welt herum
und früge mich wozu!

Wohin ich komme, jauchzt man mir entgegen,
Kinder stehn an Tor und Wegen,
Kranz und Blumen mir zu streun,
Fest an Fest stadtaus und-ein ..
von Festen aber kann der Mensch nicht leben,
und nachher ist man um so mehr allein!

Und grade in den seltenen Stunden,
in denen Lust und Lärm verklang
und da man einmal feldentlang
hinausgehn möchte auf die Höhn
und Hand in Hand mir seiner Liebsten
schweigend
ins Weite sehn
und auszuruhen in der großen Stille
und neue Kraft zu schöpfen
aus der ewigen Jungbrunnen-Fülle
unseres Herrgotts alter Wunderwelt!

Lustig, ihr Geigen!

Lustig, ihr Geigen!
lustig, ihr Flöten!
spielt einmal ein ander Lied!
spielt ein Lied von Frühling draussen,
spielt ein Lied vom jungen Mai
und klingt und singt,
wie der selbst auf allen Wegen
jauchzend seine Fahnen schwingt!

Spielt ein Lied von rauschenden Wäldern
auf den Höhn und grünen Feldern
niederab und talentlang . .
kleine Häuser hin und wieder
wie begraben zwischen Flieder,
Kirschenblust und Amselklang.

Spielt ein Lied von einem Burschen,
der das Ränzel auf dem Rücken,
grünes Laub am grünen Hut,
mit Juchhei die Straße geht . .
spielt ein Lied von einem kleinen
blonden Mädchen, das im Garten
wartend an der Hecke steht!

Und dann klingt wie Sonntagsglocken,
braust empor wie Orgelchor . .
klingt wie Jauchzen und Frohlocken
singender Kinder vor dem Tor!
immer heller, immer frohr!

Und dann spielt die schönsten Tänze,
die ihr könnt! Reih um Reih! . .
Hollahe! Wein herbei!
lasset Lied und Becher klingen!
und wenn euch die Saiten springen,
spielt auf einer! einerlei! . . .

Aber will es Abend werden,
dann packt ein
und trollt euch heim!
oder, wollt ihr, bleibt beim Wein . .
aber lasst die beiden endlich
ungeschoren und allein!

Von

Kunst und Kritik

Vorspruch:
> Die es angeht, lesens nicht,
> und die es lesen, gehts nicht an—
> wenn immer auch die Wahrheit spricht,
> es kommt nicht an den Mann.

Kunst

1

Das ist das Siegende ewiger Kunst:
unbeirrt vom Wandel der Zeiten,
unbekümmert um Hass oder Gunst,
verhängt nur mitunter von Wolken und Dunst,
aus stillen Höhen her klar und rein
leuchtende, schaffende Sonne zu sein!

2

Was wir sind und was wir leben,
es ist nur ein Nu und Nichts!
Hall und Hauch! ein Klang im Winde,
eine Welle nur in Wellen,
es ist nur ein Spiel des Lichts.

Aber in der Flucht der Dinge,
was uns wert scheint, festzuhalten
und zu Ewigem gestalten,
eh die Sonne wieder schwindet
ach Dämmerung es entrafft,
das ist unsere selbst errungene
eigene Gottes-Schöpferkraft.

3

Es ist das ewig leide Lauf:
Nimmt mans ernst, so frisst es auf!
bleibt es Spiel,
fehlt sinn und Ziel!
und wird es zum Geschäft, je nun,
dann hats mit Kunst nichts mehr zu tun!

4

Klüngelei und Klingelei
bringen manches vor die Rampe,
doch erlischt nachher die Lampe,
ist der ganze Ruhm vorbei

5

Kunst ist nicht Sieg
und kanns auch nicht sein . .
Kunst bleibt Krieg
zeitaus und —ein
das uralt-alte Kämpfen und Ringen
sonauf-suchender Frühlingskraft,
uns zu entheben und zu entschwingen
dieser Erde trüber Hast . .
Kunst ist Sehnsucht
nach Leichtgewicht,
nach Leben in Schönheit,
nach Wandel in Licht!

Heilige Zopfbruderschaft

Dreiunddreißig Jahre später

Wie vor einem Menschenalter
kommen unsere Sachverwalter
und belehren
und erklären
mit bebrilltem Amtsgesicht:
was da Kunst sei und was nicht!
und dies und das sei kein Gedicht!
Ach und mit demselben Witze
aus verschossenem Geschütze
feuern sie wie dazumal:
Eng und dürftig und banal!

Und mit ganz denselben Worten
sag ich wie vor Menschenaltern
diesen Literaturposthaltern:
Werte Herren, ihr habt ganz recht!
was heißt gut und was heißt schlecht!
ihr sprecht von Spreu und sprecht von Stroh
und seht wohl so!
habt mein Gesicht
und es ist auch für euch Gedicht!

Kunstrichterart

Bring ihnen was, ein Buch, ein Bild . .
etwas, das nicht im ehernen Kreise
der Geleise
ihrer Welt
sich hat und hält,
etwas, das auf seine Weise
Glauben und Gesetz sich stellt,
und besieh, wie es gefällt!

Jeder wird verstandhaft kommen
und mit Witz und Wissen prunken
oder unken
und bei kleinen Nebenfragen
sich behagen,
doch in dem, worauf es ankommt,
werden alle glatt versagen!

Und worauf es ankommt, sieh,
das ist überall und immer
ob dich was gemüthaft zwingt,
ob es in die Seele klingt
und beschwingt,

ob es froh wie blauer Himmel
oder wie ein jäher Blitz,
seis auch nur für Augenblicke,
weckt, bewegt
und höher trägt!

Seele freilich und Gemüt
wenige nur von wenigen habens
und die wenigen vergrabens
meist aus Scheu
vor Witzelei . .
und was wär es auch viel wert!
jeder will ja doch als möglichst
geistreich gelten und gelehrt!
Kuckuck!

Kunstgeziefer

Du gabst dein Bestes .. und sie quacken
hochnäsig lass:
Was soll und das?!
was sollen derart witzlos schale,
triviale
Alltagsdinge,
platt und leer?!
willst du Dichter sein, so singe
wie der und der!

Warum erregt dich das?! Jedeiner sonnt
sich doch in seinem Horizont
und pafft
nach seiner Pfeife Fassungskraft ..
und jeder Strauch hat sein Geziefer,
das ihn befliegt! . . .
Man lacht und hängt es tiefer!
das genügt!
Kuckuck!

Ein Anderes

Die Welt war gegen dich . .
mit Achselzucken und spöttischem Nein . . .
sie wird dein Lebenlang gegen dich sein!
die Welt ist immer . . gegen jeden . .
dems nicht genügt schon, nur zu reden,
dem nicht Getu nur und Geschwätz,
dem Handanlegen und tat Gesetz!

Freilich: Reden halten und Zeitungschreiben
ist gar ein gefälliges Zeitvertreiben!
Schwätzen ist leicht, und wer es kann,
gilt immer als hochbedeutsamer Mann!

Aber in steter treuer Arbeit . .
unverdrossen und unverhärmt,
unbeklatscht und unbelärmt . .
Stein um Stein zusammenzuholen
und aufzubauen, was da not,
schweigsam, in zielbewußter Ruh . .
von hundert hat nicht einer
Willen und Zeug dazu!

Kunst und Zweck

Ist noch nicht genug gestritten?
geht es noch, das alte Spiel:
was da Schönheit, Form und Stil?!
sind die Worte: Kunst und Zweck
immer noch Ästhetenschreck?!
will die Welt denn nie vom Fleck?!

Aber sei es drum und mögen
immer neu sie sich erregen,
was verfichts?!
an der Sache änderts nichts!

Jede Art hat ihre Artung
und muss sich aus sich beweisen,
Jeder Stoff hat seinen Stolz . .
Teppiche macht man nicht aus Eisen
und Granaten nicht aus Holz!

Alles schöne bleibt Entfaltung
und Reflex
restlos geistiger Gestaltung
seines Zwecks!

Und was je uns weiterbrachte,
was uns Richtung gab und Rat,
waren nie die vielen Frager,
waren nur die wenigen Wager,
nie die Männer großer Worte,
nur die Männer klarer Tat!

Kunststreit

Das Ei wird Huhn,
die Eichel Eiche . .
ab aus Nichtzweck oder Zweck . .
Dreck nur bleibt Dreck!

Kunst soll nichts sollen!?
ich bin dabei!
darf sie was wollen!
bleibts einerlei!

Und sie wird wollen
uneingeschränkt,
wozu uns Leben
und Liebe drängt!

Flöte:
Wozu das Gezänke?!
Macht euch zu Weg
und es wird sich erweisen,
was euer . . Zweck!

Merkblatt für Rezensenten

Wärt ihr selbst ein bisschen Dichter,
säht ihr lichter
und empfändet weniger leer,
was ihr so von obenher
kurzerhand als nichts verhechelt
und belächelt,
und begrifft,
dass nicht jeder so verwaist
an Herz und Geist,
als ihr an euch selbst beweist!

Von

Kunst und Leben

Meister und Schüler
      Ich kann dir zeigen, wie ichs mache,
      ich kann dir sagen: so und so!
      doch das ist alles! . . Können, zwingen,
      zusammenbaun, was du gewannst,
      deines Lebens Sinn ihm geben
      und aus Enge, Druck und Dunst,
      höh- und gipfelwärts erheben,
      das sei deine Müh und werde
      dein Verdienst und deine Kunst!

"Schicksale"

Du willst, was heute
ich, was morgen . .
du hast Freude,
ich hab Sorgen.

Aber aus heute
wird einmal morgen,
und ich hab die Freude
und du die Sorgen!

Es muss doch recht viel . .

Es muss doch recht viel schwerer sein,
als ich noch immer glaube:
so in sich selber festzustehn,
so klar zu sehn,
um ohne Neid,
aus freier Überlegenheit,
andere vorauszulassen
und ohn Bereun
sich ihrer Freude mitzufreun . .
es muss doch recht viel schwerer sein!

Um was es geht und was auch sei,
nur Drängelei und Quengelei,
Verreden und Befehden . .
ein jedes Mittelchen ist gut,
wenns nur dem Andern Abbruch tut!
Als ob die Welt verloren sei,
steht man einmal in zweiter Reih!

O Menschenkinder groß und klein
lernt endlich doch vernünftig sein
und macht euch nicht noch schwerer, was
an sich schon ein recht fraglicher Spaß!
Kuckuck!

Ermüdung

Laß nicht die Arme sinken,
so groß das Gezerr,
du hast es noch immer gezwungen
und wirst auch diesmal Herr!

Wenns andre Leichter sich machen,
du bist nicht sie,
und Helfer zu deinen Zielen . .
hattest du nie!

Du hast noch immer fast alles
bezahlt weit über Kauf,
lass es dich nicht verdrießen,
sei stolz darauf!

Und was du selbst gegeben,
war immer wohl mehr,
als, auf der Wage gewogen,
nötig gewesen wär!

Doch ohne Opfer und Einsatz
von Herz oder Hand
kommt auf der Welt überhaupt
kein Wert zu stand!

Es gibt eben zweierlei Menschen
und zweierlei Maß:
ein Baum will Früchte tragen
und Gras bleibt Gras!

Lass nicht die Arme sinken,
so groß das Gezerr,
du hast es noch immer gezwungen
und wirst auch diesmal Herr!

Vom schönen Schein

Du kommst nicht durch,
glaub mir, du kommst nicht durch,
wenn du bei Allem immer wieder
stehst und alle Schleier hebst
und in die letzte Tiefe gräbst . .
du kommst nicht durch
und nimmst den Dingen ihre beste Freude
und brichst den Glanz, der dich an ihnen lockt.

Lass ruhig auch dem schönen Schein
sein bisschen Recht!
auch Schein ist echt . .
will er nichts weiter sein!
Der Wissende weiß doch Bescheid
und macht nicht alles gleich zu Leid
und ist empört und spricht von Lüge!

Er weiß, es ist nur eine frohere Form,
die ihn nicht täuschen soll und irreführen,
die nur, wie bunte Blumen da und dort
und Moosgeflechte,
überblühen und
verschönen möchte,
was in seiner nackten Wahrheit
allzu schwer vielleicht . . und leer
und lieblos wär!

Wappnung

Die Menschen sind so! lach dazu!
sie geben dann am ehesten Ruh!
und kannst dus wirklich . . in dir selber . .
tiefinnerst heiteren Gesichts,
vermag dir alle ihre Dummheit,
all ihr Neid und Unfug nichts!

Es käm dir töricht vor, zu zürnen!
du lächelst, wenn ein Pfeil dich trifft . .
du badest so dich hürnen
in ihrem Drachengift!

Aus prunkvollen Stoffen und Edelmetallen . .
weswegen soll das nicht gefallen!
doch mit Vergunst:
auch aus nichts was zu schaffen, nenne ich Kunst!

Ich hatte nicht Freund und hatte nicht Vater,
ich hatte kein Geld und keine Berater,
und was ich habe und was ich gemacht,
ich hab es mit nichts zustande gebracht!

Aus alten Zigarrenkistchen und Pappen
hab ich mir meinen Hausrat geleimt,
und meine Gedichte sind aus verwachten
schlaflosen Nächten und aus verlachten
Plänen und Tränen und Träumen gereimt!

Spruchblätter

1

Immer reicher, Jahr um Jahr,
grüßt es mit Geschenken . .
immer froher um dich her
blüht es auf . . und um so mehr
lerne dich beschränken . .

lerne dich an dem zu freun,
was du dir errungen
und wirf es ab, zu bereun,
was dir nicht gelungen!

2

Ein jegliches Alter
hat seinen Psalter
und seine eigene Melodie . .
und glückt es in der Jugend
schlecht,
möcht man eben später sein Recht!

Der Mensch ist Mensch . .
ich bin es auch!
und alles ist Schall
und alles ist Rauch!

3

Grundgescheite
gelehrte Leute
haben wir genugsam heute!
was da not,
wie täglich Brot,
was in Sprung
uns hält und Schwung,
ist nicht Wissen und Gelehrtheit,
ist allein Begeisterung!

4

Das ist nicht bloß so hingeredet,
als billiger Gemeinplatz, wie euch
scheint,
es ist auch nicht als Witz gemeint,
ihr dürft euch nur die Müh nicht schenken;
dabei mal an euch selbst zu denken ..
es ist in jahrelangem Kampf,
mit Blut bezahlt, erhärtete Erkenntnis
und nur gesagt
für den, der was zu lernen wagt:
dass er bei Zeit sieht, wo Gefahr,
und klüger ist, als ich es war!

Und will ers nicht, dann lass ers bleiben,
das Leben wird ihm schon die Rechnung
schreiben!

Trotz
alledem und alledem!

5

Höher immer in die Höhe,
tiefer in die Tiefe ringend,
unermüdet, unvergällt . .
wenn ein jeder nur ein aufrecht
ganzer Kerl auf seinem Feld,
bleibt trotz Hass und Hohn die Fülle
deutscher Art und Kraft der stille,
unzerstörbar quick- und quille
Sauerteig der Zukunftswelt!

Lieber in jungen . .

Lieber in jungen Tagen
aus freien Stücken sich etwas versagen..
man muss und kann nicht alles haben,
ein jedes Ding hat seine Zeit
und kommt von selbst, ists alsoweit! . .
als später dann in reiferen Jahren,
da man doch auch noch möchte leben,
da man doch auch noch Wünsche hat
und stürmischer vielleicht als je
sich in die Höhe möchte ringen
und etwas schaffen und vollbringen,
bei Seite stehn
zerrissen, verbissen
und Notsegel hissen
und sorgen und sparen und rechnen
müssen!

Welterlösung

Tragikkomödie in fünf Epigrammen

1

Du meinst, es wär etwas Besonderes, Freund,
wie du dich gibst . .
und weißt nur nicht: in deinen Jahren,
dass alle da so sind und waren,
wie du dich liebst,
dass alle deine Eigenheiten
durchaus nichts Eigenes bedeuten!

Wird einer Mann, wächst ihm der Bart,
das ist nur Art, nicht Sonderart!

2

Im Sturm der Jugend glauben alle,
von Gott urselbst berufen zu sein,
die Welt aus ihrem Jammerstand
zu höherem Dasein zu befrein . .
Glaube aber tuts nicht allein,
und wozu
ein Ix sich machen für ein U?!

Beruf dich selbst, soll es dir glücken,
lern was, leiste was und schaff zu
und lass den lieben Gott in Ruh!

3

Mit Fünfundzwanzig hält sich jeder
für ein Genie
und hüb die Welt aus ihren Angeln,
wüßt er nur, wie!

mit Dreißig, Vierzig dann wirds stiller
und ruhiger am Horizont
und schließlich gibt er zu, auch Schiller
und Goethe hätten was gekonnt!

4

Erst, wenn man vielleicht Fünfzig, Freund,
und hat ein unermüdet Leben
unermüdet hingegeben,
sieht man, wie schwer, wie schwer es ist,
auch nur ein halbes Dutzend Menschen
seiner allernächsten Näh
aus ihres Tages kleinem Dreh
aus Kaffeeklatsch und Wirtshausfragen
über sich hinauszutragen!

5

Die du vermeinst heut zu befrein,
die Welt, sie will es gar nicht sein!
die Welt bleibt ewig wie sie ist:
oben Blüte, unten Mist!

Beweis! an dir drum, dass dus hälst
und was du möchtest, dass es blüh . .
nach oben kommt man nur mit Müh,
nach unten fällt man ganz von selbst!

Ein gut Gedicht . .

Ein gut Gedicht gibt immer zwei . . .
lockt Bild und Ton und Wort herbei.

Wie auf Flügeln kommts geflogen
und umklingt in bunten Bogen
dich mit Klang und Farbenspiel,
hin und her wie Elfenreihn,
wie aus fernen Rosengärten
windvertragene Schalmein.

Und lässt du dich ins Weite locken,
wiesenwärts und waldhinaus,
trägst du zur Zeit der Abendglocken
einen ganzen Strauß nach Haus!

Du Dichter

Aber du Dichter:
sei nicht bloß Reimer,
sei nicht bloß Träumer
klingender Worte
und Priesterlichkeit . .
sei Türner
und Glockenstürmer,
Rückwärtsschauer
und Vorwärtsbauer,
Währer der Werte
gewesener Zeit,
Klärer und Fährte
im Streit von heut!

Nicht Kunststückmacher
für müßige Lacher
oder die vielen
merkantilen
Antiquare und Bibliophilen,
nicht Zeitvertreiber
für gelangweilte Weiber
und Zeitungsschreiber . .
sei Sichter
und Richter,
du Dichter!

Dein Ich,
Natur
und Kunst . .

Die drei vereine,
die drei gestalte,
dass jedes eine
das andre entfalte!

Natur allein
bleibt fremd für sich,
und Kunst nur Handwerk
ohne ein Ich!

Du seis, der beides
zu Sprache befreit,
Weihe ihm gibt
und Ewigkeit!

Begeisterung

So hoch sie schlägt,
so hoch sie trägt,
Begeisterung allein ist nie
weder Genie noch Poesie!
Begeisterung allein bleibt Dunst,
die Jugend freilich hälts für Kunst!
Kunst doch ist erst, was Kraft und Tat
aus ihrer Flamme loher Saat
emporgestaltet, formt und meistert
und so voll eigenen Lebens birgt,
dass es in andren wieder neue
Begeisterung und tatkraft wirkt!

Welterkenntnis

Wer sie ernst nimmt, den verhöhnt sie,
   wer sich hingibt, den verpönt sie . .
ob aus Laune? ob aus Kniff?
wer ihr ausweicht, den begehrt sie,
wer nichts von ihr will, den ehrt sie . .
ich ward grau, bis ichs begriff!
      Kuckuck!

Lebenswege

Ihr habt das Leben so genommen,
ich nahm es so!
Ihr habt geliebt, gelärmt, gelacht
und nie wohl an übermorgen gedacht!

Ihr konntet nicht früh genug alles haben
und seid es nun müde und lasst ihm den Lauf,
gabt Wunsch und Kampf und Sehnsucht auf!

Ich habe gewartet und stehe noch immer
in fröhlichen Waffen, die Hand am Knauf,
hab alles vor mir und freu mich drauf!

Vom Sinn des Lebens

Immer noch die dumme Frage,
alter Knabe:
was des Daseins Zweck und Grund . .
welchen Sinn das Leben habe . .
ewig Ärger nur und Plage . .
und so weiter . . und . . und . . und!

Sinn hat nichts auf dieser Welt,
wenn die Welt dir so gefällt!
auch du selber dann hast keinen
und dein Leben
ist und bleibt wertloser Tand!
doch ihm einen Sinn zu geben
und zu ihm dich zu erheben,
dazu eben
ward uns Menschen der Verstand!

Also ein für allemal,
scheint es dir auch trivial:
Alles, was du lebst und liebst,
hat den Sinn, den du ihm gibst!

Vom großen Jahrmarkt

Die Alten gehen
und die Jungen kommen.
Die Alten aber sagen keinem:
Kinder, lassts! es ist Enttäuschung!
sie lächeln nur: Versuchts! vielleicht, dass ihr
mehr Griff als wir!
es würd auch niemand viel drauf hören
angesichts der bunten Lockung,
die ihnen rings entgegenstrahlt,
man glaubt nur, was man selbst bezahlt!

Und nach zehn Jahren
sind die Jungen wieder alt
und wissen, was die Alten wußten,
als sie kamen,
und gehn,
und andre Junge kommen,
doch keins sagt: Was drängt ihr! langsam!
ihr findet doch nicht, was ihr möchtet!
es ist nur Lärm, Getu und Gaukelei,
und bis ihrs los habt, ist die Zeit vorbei!
sucht lieber anderswo!
Nicht einer sagts,

und wer es wagte, wurde nur verhöhnt
als trüber Grämling,
der der Jugend keine Jugend gönnt!

Drum schweig ich eben auch und rede,
nur wenn man fragt
und sage dann vielleicht:
Der ganze Jammer liegt nur darin, dass
man viel zu ernst und schwer nimmt, was
im Grund doch ein höchst mäßiger Spaß!

Du änderst nichts . .

Du änderst nichts . .
bei nichts und niemand!
du änderst nichts,
mit keinem Bitten und keinem Flehn!
sie bleiben auf ihrem Kram bestehn!
du kannst das Herz dir aus dem Leibe reißen
und ihnen vor die Füße schmeißen:
Zertretet es! um zu beweisen,
wie heiligund wie erst es dir sei . .
es ist ihnen völlig einerlei!

Vielleicht dass einer steht: Nanu!!
wozu?!
und dass ein zweiter, halb verdrossen,
von Kindereien spricht und Possen . .
das andere alles klirrt und klingt:
Sittlich und gut ist, was Geld einbringt!
Wir haben die Welt nicht zu erziehen
und wollen vergnügt sein, so lange wir leben,
und lassen jedem gerne den Ruhm,
ihr ein "leuchtendes Beispiel" zu geben!

Immer noch . .

Immer noch denkst du: es gäbe ein Glück
irgendwo . .
ein ungetrübt festliches Menschengeschick,
so oder so!

Und immer noch manchmal bleibst du stehn
und freust dich: hier sei das Wunder geschehn!

Doch blickst du ein wenig nur hinter den Schein
so biegst du wieder still wegein!

Geld und Welt

1

Wie ihr Geld,
so die Welt!

Früher schmuckes
reinlich stolzes
Gold und Silber,
manchmal protzig
wohl und geckig,
doch solide
und bewährt . .
nun Papier:
zerlumpt und dreckig,
bündelweise
und nichts wert!

Und ob je es
wieder anders?
Ach ich glaub, es
bleibt ein Traum!
wir von heut
erlebens kaum!

Wer sich selbst so
hilflos machte,
wer so auf den
Hund sich brachte
ganz aus eigener
Narretei,
der muss es ja
wohl so mögen,
hälts womöglich
noch für Segen
und so seis denn,
wie es sei!

Laß es rollen! lach dazu:
Geh, sei ein vergnügter Wandrer! . .
habe ichs nicht, hast es du,
hast es du nicht, habs ein andrer!

Geld muss rollen!
liegts im Schrank
liegt es nirgendwem zu Dank,
unnütz wie ein Mensch, der krank!

Will nichts, kann nichts,
macht nur Sorge,
hält nur andere im Bann
und ist erst zu was zu brauchen,
wenn er wieder strampeln kann!

Und ists von Papier wie heut,
lass es fliegen, liebe Leut!
Geld an sich, was hats für Sinn?
alles Geld wird nur Gewinn,
wird es Saat
und setzt ihrs um zu Lebenstat!

Aber nicht für Lumpensachen
und für Firlefanzerein,
nützt es aus, euch Luft zu schaffen;
gebt es hin, euch zu befrein
über all die Quälerein,
über all den Zank und Quark,
mit dem die Menschen sich ihr Leben
ach, so schön zu machen pflegen . .
schafft euch frei und froh und stark!

Fünfzig

Es lag so weit in jungen Jahren,
kaum zu ergehn,
wie nebelgrau verhängte Höhn . .

Und nun wir da,
ist alles wie von selbst gekommen,
man weiß kaum wie,
und Hügel, Hang und Höh erklommen,
fast ohne Müh!

Und wenn wir uns nur recht verstehn
und hellen Herzens um uns sehn,
so ist es heut nicht weniger schön,
als einst zu jener jungen Zeit
voll stetem Harm und Herzeleid
und ewiger Ungeduld ob Dingen,
die im stillen
ganz von selbst sich doch erfüllen!

Hoher Himmel uns zu Häupten,
und von keinem Wunsch verstellt,
klar der Blick und klar die Welt:
rundum Kraft und heiteres Leben,
Lieder, Blumenblust und Reben
und in Garben Feld an Feld!

Freundschaft

Wir haben uns wenig geschrieben,
  lang oft kein Wort,
und sind doch zusammengeblieben,
ich hier, du dort!

So anders unsere Wege,
und was wir erstrebt,
und so verschieden das Leben,
das wir gelebt.

Wir fühlten ganz von selber,
wann eines vom Sturm gepackt,
und wußten ohne Briefe,
wann wieder geflaggt.

Doch wir wußten auch, wenn wirklich
etwas geschah
und Not an den Mann ging, so war
der andere da!

Jeder war für jeden
ein fester Punkt
und keiner hat dem andern
irgendwas vorgeprunkt.

Und wenn wir uns wiedersehen,
brauchs kein Geschmaus,
wir zünden uns eine Pfeife an
und sind zu Haus!

Welt von heute

Es hilft nichts, alter Freund! wir beide,
wir bringen weder Zeit noch Zunft
zur Vernunft,
wir drehn die Räder nicht zurück
auch nicht für einen Augenblick!
Wir können nichts tun, als auf Posten bleiben
und auf der Hut sein ohne Rast,
dass uns ihr Zackenwerk nicht faßt!

Es hilft nichts, Kopf-auf drum und munter!
ich weiß ja selbst, man hats mitunter
mehr als genug
und würf am liebsten all den Plunder,
bevor man völlig ihm vertroßt,
zu Staub und Rost
und liefe weg
und ging ins Grüne,
wo keine Zeitung, keine Post,
um wieder einmal Mensch zu sein
und allein!

Wochauf und -ab ein atemloses
Gerenne und Gesorge früh und spät,
dass nichts aus Gleis und Gang gerät!
die ganze Herrlichkeit ja doch steht still,
wenn eine Weiche nicht mehr will!

Vergnügen ist kaum mehr Vergnügen,
erkauft durch so viel Hetzerei,
dass man vergnügt erst, wenns vorbei!
Arbeit statt Freude und Genuß
ist Zwang und Muss nur und Verdruß!
das bißchen Essen selbst wird Plage
der Schlaf der Nacht sogar ist Müh . .
zieh, Schimmel, zieh!
Und die paar Wochen dann im Sommer,
du lieber Gott, obs wirklich lohnt,
dass man das ganze Jahr drauf wartet,
spart und front
und verflacht . . .

Es ist ein lächerlich Gebilde,
zu dem wir uns die Welt gemacht!
kein Mensch wird mehr des Lebens froh,
jedoch die Menschen wollen es so!

Du glaubst . .

Du glaubst, es wär nur eine fremdere Art,
die Welt zu sehn
und Kunst und Leben zu verstehn,
es brauche nur ein klares Losungswort,
die rechte Linie aufzuzeigen,
um ganz von selbst zu überzeugen . . .
jenseit all des wirren Scheins
im Grunde, glaubst du, wärt ihr alle eins!

Ich dachte auch so, leider viel zu lang!

Man spricht von Kunst,
was sie bedeutet, ist, sein sollte oder müßte . .
und wenn die Meinungen drob auseinandergehn
und sich verkritteln und verhöhnen
möchtst du vermitteln und versöhnen.

Du möchtest alles bis zum Letzten lichten,
du möchtest eine Tempelburg errichten,
ein heilig Leuchtwerk, strahlend, sonnenhaft
hoch über den Umstrittenheiten   alles Ruhms
ein Monsalvatsch des Menschentums,
und glaubst, man müsse dich verstehn,
man müsse jubelnd mit dir gehn,
dein Ziel sei ihrs und ihres deins . .
im Grunde, glaubst du, wärt ihr alle eins!

Und hinter den Kulissen letzten Endes,
entscheidet über Für und Gegen,
ohne jede Rederei,
unversöhnlich, ewig trennend:
Politik nur und Partei!

Stufung

Bis Zwanzig und Dreißig die kleinen Mädchen
sehn im Faust nur Faust und Gretchen.
Wer älter und auch für anderes Sinn,
der findet auch allerlei anderes drin.

Und wen sein Handwerk nicht verrostet,
wer weiter will, sich regt und rührt,
dem wird er wie zu einem Wege,
der ihn zu Um- und Ausblick führt.

Und wer durchhielt und Feld um Feld
emporgestiegen seines Lebens
zu freier Höhe, lichterhellt,
für den umspannt er Gott und Welt!

Doch Goethe selbst, in olympischer Ruh
weitet noch weitere Weiten dazu.

Und wer so klar, wie er es war,
dem ist das Dunkelste offenbar.

Kuckuck:
Du aber, der du gaffst und lachst,
sie zu, was wohl aus dir du machst;
Nicht Kunst allein, auch anderes ist
so wertvoll nur, als du es bist!

Lied des Menschen

Einst waren wir Quellen
in lauschigem Grunde,
säumend und träumend
bei Wald und bei Feld.

Dann trieb es uns stürmisch
durch Städte und Länder
zum wogenden Weltmeer,
von Sehnsucht geschwellt.

Nun sind wir Wolken
entlastenden Fluges
und freudigen Auges
hoch über der Welt.

Und sinkt der Tag dann,
verschwimmen wir leuchtend
lautlos zerrinnend
ins blaue Gezelt.

Jost Seyfried.

Spiel der Zeit

Das ist das Spiel
der wandernden Zeit,
wie sie uns über
die Dinge befreit:
wie sie unmerklich
von Jahr zu Jahr uns
bei fröhlichen Festen
den lauschigen Gärten
der Jugend entrückt
ach und allem,
was uns da wichtig,
was uns beseligt,
beglückt und entzückt!

Wie sie mit leuchtend
lockenden Bildern
plötzlich uns andere
Ziele enthüllt
und die hochauf-
horchende Seele
mit stürmischer Sehnsucht
ins Weite erfüllt!

Wie sie die Hand uns
gibt und lachend
Fragen, Bedenken
und Sorgen zerschlägt
und über steinige
Straßen und Steige
neugierigen Mutes
bergauf uns trägt

weiter und weiter,
auch wenns uns mitunter
voll Heimweh bewegt,
wie Tal um Tal
vor wenigen Tagen
noch jauchzendes Leben,
nun abendumdämmert
nur Bild noch und Farbfleck
sich hinter uns legt!

Wie sie mit freundlich
frohem Geplauder
rastlos von Höhe
zu Höhe uns bringt
und nur ein Lächeln
hat, möchten wir halten,
was immer aufs neue
an Schönem und Frohem
und Liebgewordenem
um uns versinkt!

Doch machen wir Rast
auf der Bank bei dem alten
steinernen Roland
und blicken umher:
wie alles gekommen,
was uns geworden
und was uns genommen,
dann lächeln wir selbst wohl:
wie wir einst dachten,
dass alles verkümmert,
verarmt und entstellt,

wenn erst die Jahre
der Jugend vorüber,
dass wenn das Haar grau,
das Herz auch vergällt . .
und breiten die Arme:
wie reich das Leben,
und wie gewaltig,
wie gottgroß und herrlich,
wie unausschöpfbar
über und unter
und um uns die Welt!

Inhaltsübersicht

Lieder Mandolinchens und des Leierkastenmannes

Vorspruch: Wir gehen wie...

Kunst und Kritik

Vorspruch: Die es angeht

Kunst und Leben

Vorspruch: Ich kann dir zeigen

Anzeigen

Cäsar Flaischlen
Von Alltag und Sonne
Gedichte in Prosa
Boris Eggers (Hrsg.)
160 Seiten
ISBN 3-8311-4442-7
12,00 €uro

Dieses Büchlein ist nicht für die große Weltliteratur, es ist wie ein heimlicher Begleiter für die hellen und dunklen Tage. Ein stiller Begleiter, der dann und wann einmal spricht und dem man dennoch gerne zuhört. In manchen Teilen enthält es eine für den Leser etwas ungewohnte Ausdrucksweise, da es der Sprache des alten ausgehenden 19. Jahrhunderts entstammt. Doch in vielen Passagen sind die Gedichte weiterhin unverändert aktuell geblieben. Es ist ein Lyrikband für die ruhige Stunde im Alltag zwischen Sommer und Winter oder den Abendstunden. Cäsar Flaischlen wird vielleicht eher den älteren Lesern und Leserinnen nicht ganz unbekannt sein, denn er schuf vor 100 Jahren diese Zeilen:
"Hab Sonne im Herzen, ob's stürmt oder schneit,
der Himmel voll Wolken, die Erde voll Streit..."

VORANZEIGE

Was blieb war ein Gedicht . . .
Cäsar Flaischlen

von
Boris Eggers

erscheint
im Frühjahr 2003 bei
Books on Demand
Norderstedt